AF370122

Guillotine

La tête en bas! ah! quel funeste sort!
Je l'ai bien mérité: mais quelle affreuse mort!

CONFESSION DERNIÈRE,

ET

TESTAMENT

DE MARIE-ANTOINETTE, VEUVE CAPET,

PRÉCÉDÉS DE SES DERNIÈRES RÉFLEXIONS,

Mis au jour par un SANS-CULOTTE.

Tranquille dans le crime et fausse avec douceur.

A PARIS,

Chez la Citoyenne LEFEVRE, rue Percée.

L'an deuxième de la République.

MARIE-ANTOINETTE

AU DIABLE.

EPITRE A SON PARRAIN.

SACRÉ-monarque des enfers ! ô toi qui présidas à ma naissance, et qui dirigeas toutes les actions de ma vie, à qui mieux qu'à toi puis-je rendre compte des réflexions qui m'agitent en ce moment, en ce moment terrible pour moi, où la justice d'un Peuple Républicain, et réellement digne de l'être, s'occupe à m'expédier un passeport dont la destination doit se borner à ton empire ?

Je ne sais, seigneur Satan, ce que tu auras fait de l'ombre de Capet, d'exécrable mémoire ; mais permets-moi de réclamer en faveur de la mienne, une charge de quatrième furie, et je te promets d'avance de surpasser en cruautés les *Alecto*, *Tisiphone* et *Mégère*.

J'ai pour garant de ce que j'ose te promettre, la rage qui m'anime, rage que je suis forcée de reconnoître impuis-

A 2

₊sante, mais qui n'en seroit que plus terrible, si la place *de la Révolution* n'étoit
le *nec plus ultrà* de mes forfaits.

Le tems presse, et ce n'est plus l'instant de balancer. Si je prétends à exercer
au Tartare le digne emploi de furie, je
dois au moins, sacré monarque des enfers, te produire les pièces justificatives
qui autorisent ma réclamation : le détail
en sera succinct, et d'autant plus succinct, que le cheval est à la voiture,
et que la guillotine m'attend avec autant
d'empressement que les fourches pati-
bulaires réclamoient autrefois leur proie.

Avant donc de mettre la tête à cette
lucarne ; avant de jeter un dernier regard
convulsif sur la Divinité des Français (1),
je vais te parler en femme sincère, et ce
sera pour la première fois. À cet aveu,
prélude de ma franchise, pourrois-tu la
révoquer en doute ?

Je suis un monstre. Eh ! qui peut
mieux le savoir que celui qui, maîtri-
sant mon ame, sut m'inspirer cet ardent
amour du crime, qui fit mes délices dès

---

(1) La statue de la liberté tournant le dos aux ama-
teurs de l'aimable guillotine, ajoute à leur désespoir.
Ah ! que c'est bien vu !

(5)

l'âge le plus tendre ? Or, je ne t'apprends rien de nouveau, non plus qu'à toute l'Europe. Les essais historiques sur ma vie privée, n'ont rien laissé à desirer : je les ai lus et relus avec transport ; le coloris en est naturel ; la touche mâle et énergique, et sans doute il seroit à souhaiter que cette description de mes galantes fredaines, soit dans les mains de toutes les jolies femmes ; ce seroit un guide assuré pour parvenir et pour être accomplie.

Brisons sur cette matière ; car, je te le répète, le tems presse : j'attends à chaque instant que l'exécuteur des jugemens du Tribunal qui loge au-dessus de moi, vienne apposer sa griffe expéditive sur ma majesté, qui, dans cette occurrence, se contenteroit du simple rôle de gourgandine des bas quartiers de Paris : car on a beau se targuer de fermeté et vouloir jouer la souveraine jusqu'à son dernier moment, quand une main redoutable vous empoigne (1) par le chignon (2), que le ciseau funeste a

____

(1) Expression peu noble pour une Antoinette ; mais à la conciergerie on n'y regarde pas de si près.
(2) Plus nous allons vivement, plus nos bégueules,

mis à bas votre toison, soit royale ou marquise, noble ou roturiere, calotine ou protestante, il faut jouer de son reste: on n'a plus que quelques instans pour dénouer la tragédie: le char de triomphe est dans la cour; bientôt il part; une tournée dans Paris vous met à même de recueillir des bénédictions à la *Duchesne*, et la catastrophe se termine par une intromission dans le panier. Ah! quelle loutue grimace pour une tête ci-devant couronnée!......

J'entends le bruit infernal des verrous, qui mettent le Français à l'abri de ma vengeance exécrable, et l'on m'annonce tout-à-la-fois un prêtre et mon conducteur à la place de la Révolution. Quant au prêtre, j'ai la permission de le refuser : son admission n'est pas de rigueur; mais pour l'autre, ah! c'est une différence! qu'il taille, qu'il rogne, je suis à lui maintenant, et bientôt toute à toi, oui, toute à toi, sacré monarque des enfers; et si quelque chose me con-

---

un tantinet aristocrates, auront à se louer, et plus les crinières en boudins seront en vogue. Que de citoyennes ont déjà attaché sur la roque de leur coi une portion de l'infâme chevelure de Charlotte Corday !

sole ; c'est que dans ton sombre royaume, je pourrai sans doute embrasser les ombres chéries de Marie-Thérèe, de Joseph II, de Léopold, et quantité d'autres que le tems bref qui m'est accordé ne me permet pas de nommer.

Pour mon gros benêt de mari, je ne veux ni ne dois en entendre parler : imbécille et hargneux, ivrogne et entêté tant qu'il vécut, qu'en pourrois-je attendre sur les bords du Phlegton, maintenant qu'il a laissé en haut le peu de cervelle qui lui restoit, par une soustraction bien imaginée, par ma foi ?

Fais en un cyclope ; déjà son œil louche ne fera pas disparate avec ceux des petits-fils des Titans ; en outre, c'est un roi serrurier. Eh bien, qu'il forge. Oh ! ce n'est pas une mauvaise acquisition pour ce travail ; mais comme j'ai de fortes raisons pour ne pas le reconnoître comme un homme à femmes, sitôt que j'aurai fait la bascule, je ne veux ni le voir, ni l'entendre.

Je vais quitter ce monde par un chemin qui se fraye de plus en plus. Mais une demi-heure d'intervalle me met en état de tracer mes dernières dispositions. Je quitte avec toi ma correspondance intime et familière, pour m'en occuper. Au plaisir de te voir; cela ne tardera pas.

DISPOSITIONS

DISPOSITIONS DERNIÈRES

DE LA VEUVE CAPET.

Mon portrait appartient maintenant à tout le monde : il peut servir d'instruction à toutes les femmes dangereuses qui seroient tentées de m'imiter ; et si jamais il se forme une collection d'effigies criminelles, je prétends que celle d'Antoinette d'Autriche y tienne le premier rang. Je l'ai obtenu, ce premier rang, à force de forfaits : les *Agrippine*, les *Catherine de Médicis* ne peuvent entrer en comparaison ; elles ne sont que des novices auprès de moi.

Cette effigie sera disposée, comme je l'offre, au premier folio de cette intéressante rédaction, la tête en bas, et de même qu'on vit le béat Laurent sur son gril, St. André sur sa croix : je veux aussi que la guillotine indique mon genre de mort, que je n'aurois pas soupçonné en mil sept cent soixante-dix (1), où tout un peuple, crédule par caractère, caressoit un serpent qu'il introduisoit dans son sein.

Quand ma tête sera dans le sac, je demande

---

(1) Epoque du plus infernal des mariages.

B

au peuple souverain de disposer de ma chétive carcasse, ainsi qu'il suit.

D'abord, je voudrois qu'on me fendît depuis l'occiput jusqu'à l'orteil, afin de distribuer mes misérables restes à mes favoris les plus chers : j'aime infiniment mieux être ainsi décimée, que d'aller pourrir en totalité dans le cimetière Ste.-Madelaine, de Ste. Madelaine la voluptueuse, que, par parenthèse, j'honore et chéris, comme la patronne des courtisanes que j'ai choisies pour modèles, au moins dans les préliminaires de sa vie.

Je desire qu'on expose ma tête sous les pieds de la liberté. Cette amende honorable, que je propose de mon vivant, me fera râiller des puissances coalisées : mais comme je suis convaincue qu'elles me méprisent, je ne suis pas fâchée de leur donner en mourant cet avis salutaire, si bien adopté par le peuple :

« Malheur aux ennemis de notre liberté !
» Périssent les tyrans ! vive l'égalité !

Ces puissances auront leur tour. Garre les couronnes ! Les têtes habituées à les porter ne pourront pas s'accoutumer au bonnet de la liberté ; et ce bonnet-là est fait pour être de mode jusqu'à la fin des siècles. Ah ! Chimène, l'eusses-tu cru ?

Une fois ouverte, je n'ose pas affirmer qu'on trouvera quelques restes d'entrailles dans ce coffre d'iniquité ; mais si, par une de ces circonstances qu'on ne peut même s'imaginer, s'il s'en trouvoit encore, je desirerois qu'ils ne fissent pas la pâture des corbeaux ; je les destine à Thérèse Capet, qui reconnaîtra tout le prix de ce précieux présent. La vue continuelle des entrailles de sa mère excitera en elle le noble desir de marcher sur mes traces ; et tout ainsi, que ma très-honorée mère Marie-Thérèse, qui m'éleva pour le malheur du genre humain, j'aurai du moins en mourant la consolarion de laisser sur terre une copie fidelle de mes effrayantes qualités.

Quant à Elisabeth Capet, que je n'estime que par ce que je l'ai vue quelquefois sourire à mes projets liberticides et à mes affreux complots de vengeance, je lui destine ma chevelure : elle en armera le derrière de sa tête, à l'exemple des prostituées élégantes de Faris, qui ont remplacé la coëffure naturelle par un artifice aussi ridicule que désagréable pour l'œil républicain.

Ainsi pomponnée, elle ira de pair avec l'aristocratie commerçante et financière, qui voudroit nous imiter, nous autres nobles, et établir leur fortune aux dépens des sueurs du malheureux : mais si j'en crois l'apparence, elle trouvera une grande erreur de calcul : notre exemple n'est pas propre à lui inspirer de la confiance sur ce chapitre, et les décrets de la Convention nationale doivent lui prouver qu'on s'expose à compter deux fois, quand on veut compter sans son hôte.

Quant au roitelet de la Vendée, je n'ai rien à lui laisser, puisque je ne possède rien en propre, et cela jusqu'au moment où il faudra dire, adieu paniers, vendanges sont faites, qu'un corps sans ame, et d'après la culbute, une chétive dépouille, dont j'ai déjà disposé en partie.

Me reste-t-il un cœur? Au physique, oui sans doute, puisque je le sens tressaillir de désespoir, mais non de repentir. Je laisse aux cœurs de la trempe de celui de Custines, l'horrible sentiment d'être navrés de l'idée de la mort, et de figurer dans une charrette comme une poule mouillée, à côté d'un ministre qui sue sang et eau pour offrir à Dieu l'image frappante d'un scélérat moribond, qui a joué le *va tout* ; ce qui revient à-peu-près au tableau d'un agonissant capucin. Certainement Mandrin afficha plus de courage, et il avoit moins de crimes à se reprocher.

Du moment donc que le scalpel du chirurgien expert aura fait sur mon inique cadâvre une incision cruciale, et qu'il aura séparé les ligamens qui conduisent à mon cœur (physique), j'engage l'ouvrier décimateur à ne le détacher qu'avec la plus grande précaution ; car, sans quoi, il ne pourroit en recueillir que des parcelles fétides, gangrenées et coagulées de tous ces vices infames qui forment et établissent les derniers témoignages de ma réputation.

En supposant qu'on puisse parvenir à l'extraire du moins en partie, mon intention est de le léguer au père du roitelet de la Vendée Est-il vivant ? Je l'ignore ; car je ne suis pas instruite de tous les évènemens. Celui qui en fut le père putatif, m'a devancé sous le glaive de la loi. Oh ! le pauvre homme ! il s'est réjoui de sa naissance ; mais ni lui ni moi, ne peuvent afïrmer à qui appartenoit effectivement ce rejeton clandestin de mes chaudes et brûlantes amours.

Le défunt Capet n'y a pas mis le pouce. Je ne puis m'empêcher de convenir avec toute la nation, que, sur cet article, c'étoit un bien pauvre sire.

Il faut pourtant me décider, m'examiner,

et définitivement léguer ce qu'il pourra rester de mon cœur. Si j'en crois cette voix qui nous déguise rarement la vérité, ce sera à Charles-Philippe d'Artois que je le ferai remettre. De tous les amans que j'ai eus, ce fut le seul qui ne fît pas l'office en petit-maître : ce libertin joua avec moi beau jeu bon argent : j'aimois en lui l'homme qui peut procréer : il eût été désespérant pour moi d'être née féconde, et de ne pas trouver une cheville ouvrière à l'ordre de la création.

Oui, c'est à d'Artois que je lègue mon cœur. A qui confierai-je un effet de cette nature ?...... Ma foi, je ne sais trop, *le stadhouder* n'en voudroit pas; le *roi de Prusse*, tout malin qu'il est, diroit *abrenuntio* ; *Brunswick* s'écrieroit avec sa fausse philosophie, que quand la fête est passée, il faut resserrer les reliques. Le roi d'Espagne voudra consulter le grand inquisiteur. Il n'y aura que le prince de Galles qui s'en chargera, pour le remettre à son cher et tendre ami, qui est le mien plus encore. Leurs penchans sont conformes ; ergo, il en sera donc dépositaire.

Il ne me reste plus rien de mon enveloppe mortelle, que ce que l'on laissera dans les souterrains de l'égalité; c'est-à-dire, mes cuisses, qui firent l'objet du culte de *Fersennes*, mes jambes, devant lesquelles se mit à genoux le charmant *Dillon*. Je ne parlerai pas de cet exécrable ami des rois, de *la Fayette*, enfin; c'est un coquin que je méprise et que je détesterai jusqu'au moment où je fermerai les yeux. Il a profité de l'instant; sa lâche politique le mit dans mes bras. Il s'en souviendra! Pourquoi n'est-il pas dans la même voiture qui va me conduire à la place de la Révolution, dont il a tiré si grand parti? C'est peut-être un accroissement de tourment, de voir périr le complice de ses forfaits; mais j'envisagerois la mort sans horreur, si celle de ce gredin précédoit la mienne.

Je conserve un reliquaire auquel les esprits égarés, les fanatiques pourroient avoir parfaite confiance; c'est une portion du *Lachrima-Christi*, qui me fut envoyée par le pape, lors de mon mariage à Versailles. Ce qui vient de la flûte doit retourner au tambour : je prie ce bon papa de le recevoir, avec promesse de le faire baiser deux fois par jour aux deux vieilles tantes sempiternelles de mon défunt : elles ont tant d'amour pour tout ce qui tient aux choses sacrées, que je ne doute pas qu'elles ne baisent avec transport un joyau, que j'ai toujours regardé comme un joujou.

Les exécuteurs de mes dernières dispositions vont peut-être me regarder comme superstitieuse : que cela soit ou non , je ne sais trop par quelle intention j'ai toujours conservé un très-petit bout de corde de pendu : je l'envoie à mon beau-frère Stanislas-Xavier. On prétend ici qu'il fut très-heureux d'esquiver la potence : patience ! tout vient avec le tems. Je ne sais pas non plus si on file à *Coblentz* ; mais une manufacture de cordes semblables à l'échantillon que je destine à ce gros puîné , feroit fortune (1).

Je présume bien , et sans doute avec raison , que tout ce qui servoit à mon usage, soit en utilité raisonnable, soit à mes caprices, ainsi qu'à mes délicieuses folies, n'est pas totalement anéanti ; or, à mon heure dernière , si je puis encore former un vœu, et en faire quelques dispositions , je vais les consigner préalablement avant les articles de ma confession que je veux rendre publique, afin de prouver que je n'ai rien perdu de mon caractère. Et d'ailleurs, pourquoi balancerois-je ? Voltaire avoit sans doute pressenti ma cabriole, quand il donna

______

(1) Dans ce legs de Marie-Toinon , il est question de pendus, de cordes et de potences. J'en appelle à Favras existant, ou à Favras bien et duement accroché. Quelques jours nous saurons à quoi nous en tenir.

cette

cette leçon aux chimériques esclaves de la grandeur :

> Sur du fumier l'orgueil est un abus ;
> Le souvenir d'un bonheur qui n'est plus,
> Est à nos maux d'un poids insupportable.

Pour m'abstenir de digressions qui pourroient paroître importunes, voici donc ce que je ferois de ce qui pourroit être resté dans les boudoirs du Petit-Trianon, et les envois que j'en sollicite.

Philippe d'Orléans sut capter la bienveillance du peuple ; il accapara les louanges, les bénédictions du peuple avec quelques poignées d'or ; tant il est vrai que ce mobile puissant fait agir tous les bras, et tourner toutes les têtes. Mascarade patriote, il se couvrit du masque de *l'égalité*. Pourra-t-on trouver mauvais que mon plus vif desir est de le voir paré de celui qu'on a pu trouver au nombre de mes frivolités ? Il présente deux faces ; l'une exprime l'urbanité, la popularité ; l'autre peint au naturel l'hypocrisie, l'ambition, la scélératesse et l'avarice : jamais masque ne mettra mieux d'Orléans dans son jour véritable. Combien n'existe-t-il pas encore de gens qui lui ressemblent !

Péthion, ce misérable magazinier de Chartres, parvenu, à force de bassesses, à jouer un rôle important sur le théâtre de la révolution, a des droits incontestables à ma reconnoissance. Je me souviens de la journée du 10, dont l'issue me conduisit des Thuileries aux Feuillans, des Feuillans au Temple, du Temple à la Conciergerie, et qui bornera le cours de mes dernières promenades, de la Conciergerie à la Place de la Révolution, pour y terminer la carrière que j'ai parcourue avec tant de scandale et d'ignominie.

J'ajouterai donc aux legs que j'ai déjà formés, celui que je présente à Péthion, l'ame damnée, au cas qu'il me survive, et qu'on le rattrape : c'est une écharpe ensanglantée, que le bon ami Bouillé m'envoya à la suite de l'affaire de Nancy. Je crois que, si l'on en décoroit *ce ver-tueux maire de Paris*, au moment où sa bonne destinée pourroit le conduire sur le théâtre de la justice nationale, cette écharpe imprégnée du sang français contrasteroit divinement avec celle que ce tartuffe avoit extorquée à la confiance populaire, dans le tems où la bonacité credule traçoit sur son chapeau : *Vive Péthion ; Péthion, ou la mort ;* comme si ce tartuffe devoit être en effet le restaurateur de sa félicité !

J'apprends en ce moment que ce maussade Bailly, reposant tranquillement sur les fruits

de son hypocrisie, vient d'avoir la bêtise de
se laisser prendre, et qu'il est mon commensal
à la conciergerie : tant mieux, je n'en suis pas
fâchée. A la lucarne, un gredin de cette espèce !
C'étoit un gueux déguenillé, quand il s'avisa
de se populariser, pour plumer la poule sans
la faire crier, et qui, dès que, pas à pas, il se
fut établi une réputation vertueuse et probe, ce
grand sec monsieur trancha du *Monseigneur
le Lieutenant-Général de Police*, à l'épithète
près, eut un hôtel, un suisse, des estafiers, des
commis insolens, des valets rampans, et déposa
son faux patriotisme sur le piédestal de son
élévation.

Toutes mes officieuses complaisantes sont
disparues ; conséquemment je ne sais comment
répartir les petites bagatelles qui me restent.
Une des plus intimes eut le sort de la bûche à
l'Hôtel de la Force ; sans quoi, je lui aurois
concédé le *Manuel solitaire*, ouvrage rare,
enrichi de notes de ma main ; et Dieu sait si
j'étois experte sur pareille matière !

O ma chère Jules ! ô ma chère Diane !
qu'êtes-vous devenues ? et qui fermera ma pau-
pière ? Il fut un tems où, mourante dans mon
lit, j'aurois pu, sur ce témoin de mes galan-
teries accumulées, déposer mon dernier soupir

dans le sein d'un grand-aumônier mîtré, crossé, et bien et dûement enchapeauté ; mes femmes autour de moi, m'auroient facilité ce passage d'une vie à l'autre ; mais que vais-je avoir pour compagnie ? Eh ! grands dieux, quel étonnant cortège !

Il me semble déjà me voir, moi, Marie-Antoinette, archiduchesse d'Autriche, ci-devant reine d'un royaume où j'étois despote souveraine, maîtresse absolue, indépendante de toutes loix divines et humaines, persécutrice des peuples, et qui, dès qu'elle prononçoit *Je veux*, se trouvoit obéie par tous les esclaves de la grandeur.

Déjà ? oh ! oui, j'entends le rappel qui rassemble à la porte de l'antre où je suis resserrée, les soldats destinés à conduire le crime à sa destination. Je me suis accoutumée à apprendre ce fatal roulement. Ils s'y rangent, et on va me lier les mains....... me lier les mains, à moi qui enchaînois sous l'empire de mes bisarres fantaisies tous les scélérats nobles, apostoliques, et croupiers d'aristocratie !

Je suis enfin dans ce char qui conduisit triomphalement au supplice les conspirateurs, et j'ai à mes côtés un pauvre diable plus embarrassé de sa figure, que je ne suis de la mienne : s'il me présente son crucifix, je lui dirai : *Alte-là*, Monsieur le prédicant, votre exhortation n'est pas à l'ordre du jour : vos confrères de la Vendée en ont souillé l'usage. Celui dont vous me parlez fut condamné et exécuté en vertu du jugement de l'aristocratie juive; et c'est le peuple juste qui ordonne mon dernier voyage; ainsi je fais la navette, avec l'objet des baisers hypocrites de *Custines* et de *Gorsas*.

Je ne me suis pas trompée; ma porte s'ouvre, et le plus disgracieux des complimens m'est adressé, et par qui? par un ministre du culte catholique, qui, se faisant passage à travers les bayonnettes dont je suis entourée, m'annonce doucereusement l'objet de son ministère. La postérité le croira-t-elle? Mon audace ne se démentit point : bien loin de-là, rappelant toute la tranquillité dont je fus inséparable pendant le cours de mes exécrables forfaits, je m'approchai du prêtre consolateur : je lui narrai ma confession, telle qu'on va la lire, avec toute la hardiesse qu'une ame criminelle et scélérate peut inspirer.

CONFESSION DERNIÈRE

DE MARIE-ANTOINETTE.

Avant d'entamer le chapitre de mes égaremens, souffrez, monsieur, dis-je à l'ecclésias-
tique, un léger préambule, aussi nécessaire
qu'intéressant. On m'offre votre secours, pour
expier moins douloureusement les crimes que
j'ai pu commettre : vous êtes sans doute au
nombre des bons républicains? et vous vous
glorifiez de ce titre?

Sur sa réponse affirmative, je continuai.

Dans tous les tems, votre culte enseigna
aux mortels que la confession étoit une con-
solation pour les humains qui déguerpissoient
de ce monde pour aller s'établir éternellement
dans l'autre. Cela peut être ; mais je vous prie
d'observer que ce n'est nullement dans la vue
de me consoler que je vais vous faire la mienne.
Ce n'est absolument que pour convaincre le
peuple Français qu'il n'a point eu tort d'agir
avec ses tyrans de la manière qu'il l'a fait : c'est
un aveu que je dois à son courage héroïque.

Ne me demandez point de profession de foi, relativement à la religion.

» J'eusse été près du Gange esclave des faux dieux,
» Chrétienne dans Paris, criminelle en tous lieux. »

Par ces vers transformés, jugez de mes principes. Aucune religion ne domina mon cœur; la scélératesse seule y peut trouver accès. J'étois protestante avec *Necker*, juive avec *Daniel Isaac*, catholique avec *Loménie*. Le premier finançoit à la suite de nos conférences; le second fomenta le déficit, et le troisième m'épargna les dégoûts qui précèdent ordinairement la communion paschale, pour des gens de notre espèce, non-seulement en m'absolvant sans m'entendre sur les forfaits passés, mais encore sur les forfaits à venir. Le scélérat! il s'estimoit encore bien heureux. Lui seul étoit le pénitent, et c'est à mes genoux qu'il me bénissoit pour commettre un sacrilége....

Je n'en ferai pas autant, me répondit le philosophe catholique chargé de recueillir mes criminels détails; vous ne devez pas même être aux miens: l'Eternel a seul droit à vos hommages: ainsi donc commencez.

Un moment, s'il vous plaît, monsieur, un seul instant, et j'entre en matière. Je dois vous prévenir avant tout. N'attendez point de moi aucun acte de contrition ; j'en suis incapable : jamais le repentir n'entra dans l'ame de Marie-Antoinette, à moins que ce ne soit celui de ne m'être pas continuellement attachée à suivre l'impulsion féroce d'un cœur formé pour la barbarie.

Je ne vous entretiendrai pas de mes premières années, marquées au coin du libertinage le plus affreux ; elles annoncèrent ce que je serois dans un âge plus avancé, en sortant du ventre de ma mère. Je fus, pour ainsi dire, paîtrie par les mains de la rage, et celles qui se chargèrent de mon éducation, n'ont pas perdu leurs soins : elles se plurent à former un monstre, et elles réussirent, vous ne l'ignoriez pas, puisque toute la terre en est instruite.

La nature me doua d'un tempérament actif, et le libertinage le développa. L'occasion que je recherchai le mit en œuvre, et je vins infecter le territoire français de tous les vices qui, lors de mon règne, furent à la mode à la cour et à la ville.

J'avois reçu de très-bonnes leçons sur la manière avec laquelle je devois me conduire avec le peuple Français. Il est confiant, bon et facile à égarer, me répétoit *Marie-Thérèse* ; qu'il vous bénisse dans les premières années de votre règne ; il n'osera jamais vous maudire.

La

La première partie de cette prophétie fut réalisée, mais la seconde est bien démentie ; tout me le prouve, et si j'accaparai quelques bénédictions sur mon passage de Vienne à Versailles, je ne doute pas de remporter infiniment plus de malédictions dans la tombe ouverte devant moi.

Au premier coup-d'œil que je lançai sur mon défunt, je connus sur-le-champ l'être que j'avois à manier et à gouverner à ma fantaisie, et le travail ne me parut pas pénible. Je lui aurois souhaité l'ame de *Caligula*, le cœur de *Néron*, les entrailles de *Vespasien*. Graces à mon génie, à force de secousses, je parvins à en former un parricide : et c'étoit tout ce que je desirois.

Dans toutes les cérémonies publiques, j'ai toujours souri de la bonhommie du peuple. Rien de si plaisant en effet, que de voir toute une multitude courbée devant un char surmonté ou rempli d'une idole, dont le despotisme faisoit les frais aux dépens des malheureux qui payoient les violons. Alors on s'écrioit : *Vive Antoinette !* et maintenant on va dire : Périsse l'exécrable Antoinette !

> Juste retour des choses d'ici bas !
> Personne ne fut plaint, et l'on ne me plaint pas.

Il existe cependant une terrible métamorphose entre une charrette et un carrosse destiné à étaler la pompe des rois : j'en appelle à la représentation de celui de mon sacre.

Je reviens à ma confession : elle est odieuse, j'en conviens, pour des oreilles républicaines ; mais j'en fais le sacrifice à la vérité, et je continue.

Arrivée à la cour de France, chacun sait comment je m'y comportai ; je séduisis les uns, je corrompis les autres ; et rien ne m'échappa, que le fil populaire : et c'étoit bien celui que j'aurois dû conserver, puisqu'il étoit entre mes mains.

Je m'y livrai à tous les excès ; et Dieu sait, et vous, monsieur, combien les suites en devinrent dangereuses et désastreuses. Tout étoit à ma disposition : j'en abusai, j'entrai dans tous les détails, et rien ne se sauva de ma rapacité.

Je ne vous raconterai pas mes prouesses libertines ; vous seriez le seul qui pourriez les ignorer. Hommes et femmes, tout me servit, sans égard aux droits que prescrivent la nature : j'en changeai la disposition, et fournis aux siècles à venir un exemple mémorable de lubricité, de paillardise et d'obscénité.

Corrompue, séduite, égarée, en proie à tous les excès, familiarisée avec tous les crimes, j'en parcourus la carrière avec une hardiesse inconcevable ; sans pudeur aucune, le délire effréné de mes sens n'eut plus de bornes : je devins adultère et mère, et je n'aspirai à voir mes enfans dans l'âge de puberté, que pour être

moi-même leur institutrice, et leur faire par-
tager mes détestables égaremens.

Je passe sous silence toutes les horreurs qui
précédèrent la révolution française, et dont je
fus la cheville-ouvrière. Toute la terre fut le
témoin de mes fureurs criminelles ; mais je ne
pus consommer mes exécrables forfaits. Le
sang des Français pouvoit seul assouvir la rage
dont j'étois pénétrée ; j'en avois une soif ar-
dente, et la quantité que mes satellites en ont
fait répandre ne l'étancha qu'en partie. Cette
soif subsiste encore, et ne s'éteindra qu'avec
ma vie : jugez maintenant si je suis digne des
faveurs célestes ! Aussi c'est au diable que je
voue mon ame impure.

Je viens maintenant, monsieur au moment
qui commence la fatalité de ma situation ac-
tuelle, et que j'envisageois comme devant être
au contraire le but où tendoient mes plus chers
desirs ; ce fut mon départ pour Varennes. Je
voyois, de loin, s'accomplir mes projets de
haine et de vengeance. Ah ! monsieur, quelle
délicieuse satisfaction pour moi, de venir, à la
tête des troupes impériales, hongroises, au-
trichiennes, porter le massacre et la mort, le
carnage et l'incendie ! Semblable à Néron, mon
ame modelée sur la sienne, auroit ressenti tous
les charmes de ce spectacle ravissant. Paris
en cendres, et la terre jonchée de cadavres ex-
pirans, d'enfans égorgés sur le sein de leurs
mères, auroient fixé mes regards tranquiles. J'en
aurois savouré les délices ; mais, ô trop fatal

retour ! que d'humiliations me fit éprouver la catastrophe de ce voyage ! Je n'avois plus d'autre ressource que celle de l'hypocrisie. Pour réparer ce fâcheux évènement, je la mis en usage; et l'espoir rentra dans mon cœur, quand je vis le peuple Français paroître oublier ce voyage funeste et remordre à l'hameçon.

Bailly m'avoit servi au mieux; la Fayette trompoit tout ce même peuple, en entrant sé-crètement dans mon plan de conduite ; mais Péthion surpassa ces deux apôtres de ma vengeance. Ce tartuffe scélérat voyoit le peuple le chérir avec idolâtrie ; les chapeaux étoient chamarrés des louanges de ce fourbe insigne, et son écharpe étoit autant l'objet des adorations parisiennes , que l'avoit été précédemment la croupe du coursier et les bottes du commandant de la garde-nationale parisienne.

Arriva enfin la journée du 10 août. Concevez - vous bien, monsieur, la joie barbare dont j'étois animée? L'espoir étoit rentré dans mon cœur, et mes yeux se perdoient dans l'avenir : ah ! combien j'en spéculois l'issue ! Péthion , le cher Péthion étoit encore en possession de toute la confiance populaire; je l'avois chargé de tout ce qui pouvoit accélérer la ruine du Français.

Mes yeux se repaissoient avidement de la scène agréable qui devoit se passer sur la place du Carrouzel ; elle étoit assez bien méditée pour que je n'en craignisse pas l'évènement.

Mes fidèles poignardins , travestis en suisses , encourageoient les suisses véritables : je n'épargnai ni l'or ni les caresses. Mes canons disposés à faire feu devoient balayer ce peuple, de qui je n'aurois pas soupçonné le courage ; mais semblable aux Spartiates et aux Athéniens, mon feu s'en alla en fumée, et j'eus la mortification de voir échouer mon entreprise. Je dois cependant l'avouer ; réfugiée dans le sein de l'assemblée nationale, le bruit terrible de l'artillerie, bien capable d'affliger toute ame sensible, réjouissoit la mienne ; chaque boulet lancé me présageoit la destruction du peuple : mais, ô comble du malheur ! c'étoit la défaite de mes agens.

Renfermée ensuite aux Feuillans, de ce moment, je me crus perdûe. Néanmoins, je ne fus pas totalement abattue ; je ne sais pas quel démon m'inspiroit encore : aussi, lorsque je montai dans la voiture qui devoit me transporter au Temple, je conservai une contenance hardie, graces à la présence de *Manuel*, que je détestois, quoiqu'il me servît bien, et cela parce qu'il n'étoit pas porteur d'une physionomie heureuse : vous devez savoir cela comme moi, monsieur ? Il y a de ces figures de réprouvés qui ne peuvent plaire à personne, pas même aux scélérats qui les employent.

Bref, me voilà donc au Temple, et dans une tour ! Ah ! grands dieux ! quelle chûte pour une reine qui auroit voulu avoir l'univers à ses pieds (1), comme le disoit platement ce marquis de Bièvre !

____

(1) Lisez *l'uni-verd*, comme ce plat calembourg l'exprime.

La constitution *cavi a* se trouva alors à *quia*, ainsi que moi et ma famille.

Une détention de cette nature offroit un champ vaste à mes réflexions; mais je n'en fis pas. Ma rage n'étoit point épuisée; mais ne la pouvant remplir, comme il ne me restoit plus que le plaisir, je m'y livrai toute entière.

Vous allez maintenant, monsieur, me connoître plus entièrement. Je m'attendis bien aux comparaisons; la lubricité de Messaline, celle des Rhodope et Phriné ne surpassèrent pas la mienne dans le donjon où j'étois confinée.

Mais ce que l'univers ne pourra croire qu'avec peine, c'est que ce fut dans le sein de ma famille même que je choisis les objets de ma débauche. Je n'avois qu'eux; il falloit bien que je m'en servisse.

Les officiers municipaux étoient par trop récalcitrans, sans quoi je les aurois mis en œuvre. Ma garde étoit surveillée avec soin, sans quoi je l'aurois séduite, et aurois essayé d'en faire d'une pierre deux coups; mais ce moyen m'etant interdit, je me bornai malgré moi à ma belle-sœur, à ma fille et à mon jeune fils. Pour mon mari, être absolument nul, je le laissai en proie au chagrin, et rêver aux moyens qu'il employeroit pour se tirer de-là.

Elisabeth Capet fut la première que j'endoctrinai : je lui appris ce qu'il seroit à souhaiter que toute la terre ignorât pour le salut des mœurs; et quand elle fut complettement instruite, je l'engageai à faire sortir Thérèse Capet de l'état d'innocence : sans doute elle y a réussi ; les voyes étoient préparées, et je vous le dis confidemment, si ses jours sont prolongés, j'ai le doux espoir que jamais fille ne ressemblera mieux à sa mère : Dieu le veuille, et je mourrai contente.

Mon jeune fils me restoit à former ; j'en fis la victime de mes horribles amusemens ; je le rendis précoce, et par degrés le faisant sortir des bornes de la sagesse enfantine, je lui donnai les premières notions d'un plaisir naturel pris en son âge, dans l'espérance qu'il seroit épuisé avant le terme prescrit par la nature.

Elisabeth me seconda, et insensiblement, nous parvînmes à l'habituer à cet exercice affreux, qui révolte la raison, et qui fit périr tant de jeunes infortunés, même dans les maisons d'éducation confiées à l'administration des moines et prêtres séculiers.

Vous frémissez, monsieur ? l'indignation se peint sur votre visage : vous qui recueillez ordinairement les aveux des consciences souillées de crimes, vous n'entendîtes jamais, et j'en suis persuadée, le récit de semblables forfaits ; mais au moins j'aurai la gloire d'être une fois sincère en ma vie ; comme sans doute ce sera la dernière, je ne m'en repentirai pas.

Ma translation à la Conciergerie interrompit le cours de ces actes révoltans ; et ce fut à mon bien grand regret. Point de jouissances délicieuses à espérer dans ce séjour, où les partisans du crime confondus n'ont que la mort ou l'ignommie devant les yeux.

De grands et robustes gendarmes auroient offert à ma sensualité des adoucissemens ; mais ce corps est incorruptible, hélas! Je ne pouvois que les toiser de mes regards : quelle triste situation pour une femme de ma trempe!

Assise sur le redoutable fauteuil dont on descend rarement sans aller expirer sur la place de la Révoultion, je promène çà et là mes regards sur un peuple qui m'avoit adoré. O sublime effet de la révolution ! ce n'est plus une multitude d'idolâtres que je contemple ; c'est une foule de citoyens justes, qui prend sa revanche , et qui attend'mon supplice, comme une réparation des maux que je lui ai fait essuyer.

Je recevrai le coup avec cette contenance altière, qui ne m'a jamais abandonnée. Mon seul regret, en quittant la vie, ce sera celui de n'avoir pas fait tout le mal que j'ambitionnois de commettre.

Dispensez-moi de bénédictions ; elles n'appartiennent qu'à celui qui éprouve des remords ; et, je vous le répète, mon ame en est incapable. *Tranquille dans le crime*, je jouis encore au seul souvenir de mes atrocités passées ; et, si j'étois libre et dégagée des infames liens qui me retiennent ; oui, si je jouissois de ma splendeur, je ne l'employerois qu'à consommer la destruction du peuple.

Partons ; maintenant mon cœur est soulagé ; il m'importe peu que ma confession soit rendue publique : au moins l'univers répétera :

Elle est morte comme elle a vécu.